V°
28

Livre de la 2ᵉ [...]
n'existe pas ——

Rép. à [...]

LIVRET

EXPLICATIF

des ouvrages de Peinture, Sculpture, Dessin,
Gravure, etc.

ADMIS A L'EXPOSITION

DE LA

SOCIÉTÉ DES AMIS DES ARTS

DE L'AIN

FONDÉE EN 1878

—

1re ANNÉE

Prix : 30 centimes

BOURG
Imprimerie Pierre BARBIER
1878

AVIS

L'Exposition est ouverte tous les jours, à partir du 14 avril jusqu'au dimanche 28 inclus.

Le droit d'entrée est de *cinquante centimes*.

Messieurs les Artistes exposants et les Membres titulaires ont droit à une carte d'entrée personnelle.

On devient Sociétaire en prenant une ou plusieurs actions de 20 fr. par an. Cette action est représentée par une série de 20 billets de loterie.

La Société ne fait par elle-même aucune acquisition. Elle met en loterie des bons qui donnent aux gagnants le droit de choisir un tableau dans la catégorie désignée par le bon.

L'Exposition est ouverte tous les jours, de 9 heures à 5 heures, excepté le dimanche où elle ne ferme qu'à 6 heures.

S'adresser au Contrôle pour la vente des Tableaux.

EXPOSITION DES AMIS DES ARTS DE L'AIN

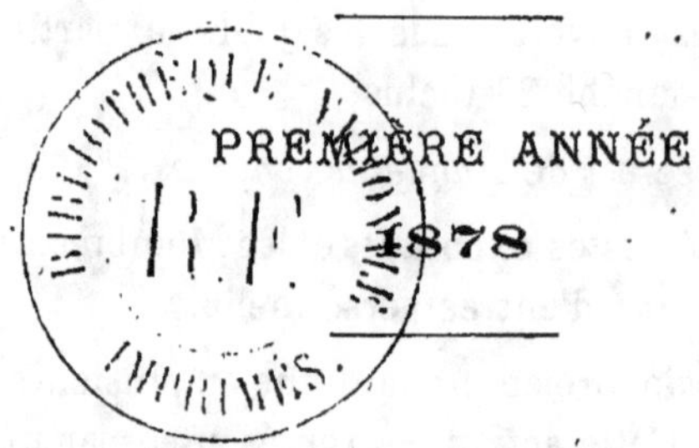

PREMIÈRE ANNÉE
1878

CATALOGUE

ALIX (Claude), élève de l'École des Beaux-Arts de Lyon, quai de l'Archevêché, 1, Lyon.

  1. Matinée de septembre (environs de Lyon).
  2. Feuilles d'automne (environs de Lyon).

ALLEMAND (Gustave), élève de son père et de MM. Cabanel et Daguin, quai de la Charité, 34, Lyon.

  3. Cascade à Artemare (Ain).
  4. La Baie des Trépassés (Finistère).

ALLONGÉ, élève de M. L. Cogniet, chez M. Meusnier, 22, rue Neuve-St Augustin, Paris.

  5. Les roches au torrent d'Avallon (fusain).

AGASSIS (Joseph-Marius), place Morand, 19, Lyon.

  6. Bords de l'Azergue (fusain).

AMBROISE (JULES-FRANCIS-ACHILLE), élève de M. Lehmann, rue du Cherche-Midi, 67, Paris.

7. Le printemps à Issy (Seine).

ARNAUD (MARIE Mme), chez M. Eliot, 16, avenue Trudaine, Paris.

8. Fleurs.
9. Fleurs.

ARLIN (JOANNY), 35, rue Louis, à Montchat-lès-Lyon.

10. Le soir (Bresse).
11. Villefranche-sur-Mer.

APPIAN (ADOLPHE), élève de Corot et Daubigny, rue Juiverie, 4, Lyon.

12. A Murano (environ de Venise).
13. Quai du Rhône à Lyon.
14. Une rue à Aigues-Mortes (Gard)

AUDFRAY (ETIENNE), rue d'Assas, 78, Paris

15. La Sieste

BAIL (ANTOITE), à Bois-le-Roi.

16 L'enfant au geai.

BARILLOT (LÉON), élève de MM. Cathelineau et Bonnat, né à Montigny lès-Metz, 16, rue de la Tour-d'Auvergne, Paris.

17. L'automne.

BARRIOT (Claudius), élève de l'Ecole des Beaux-Arts de Lyon, chemin de la Quarantaine à la Demi-Lune, n° 242.

13. Paysage avec figures.

BATAILLE (Eugène), au palais de Versailles.

19. Fruits, pêches et raisins.
20. Langouste.

BAUDOUIN (Edouard), élève de Berjon, à Verjon, canton de Coligny (Ain)

21. Corbeille de prunes.
22. Assiette de pommes et raisins.

BAUDOUIN (Gaspard), élève des Beaux-Arts de Lyon et de Gleyre, rue Lalande, 18, Bourg.

23. Portrait.
24. Tête de femme (étude).

BAVOUX (Victor), élève de l'Ecole des Beaux-Arts de Paris et de M. Picot, rue Neuve, 21, Besançon.

25. Fleurs.
26. Raisins.

BERCQ (Louis), à Versailles.

27. Souvenir de Pont-Marly (Seine-et-Oise).

BEROUET, élève de l'Ecole des Beaux-Arts de Lyon. Chez M. Duperay, 15, rue Constantine, Lyon.

28. Fleurs.

BIDAULD (HENRI), à Rossillon (Ain).

29. Petite faiseuse de chapeaux.
30. Portrait, pochade.

BOMBLED (CHARLES), boulevard Clichy, 49, Paris.

31. Chasseur à cheval.
32. Gendarme à cheval.

BOUDIER, chez M. Meusnier, rue Neuve-Saint-Augustin, Paris.

33. A travers la Lande.
34. Sur la falaise, souvenir de Bretagne (aquarelle, éventail).

BOUISSON (EMILE), élève de Loubon, boulevard Gazzino, n° 17, Toulon.

35. Le Rebelle.

DE LA BOULAYE (PAUL), né à Bourg, élève de M. Bonnat, rue de Douai, 69, Paris.

36. Le vieux vigneron.
37. Petite fille de Bresse.

BOUVET (ANTOINE), élève de Defaux, à la Queue-en-Brye.

38. Les huîtres.
39. Le poulet.
40. Carafe à vin.

BRISSOT DE WARVILLE (FÉLIX-SATURNIN), né à Sens (Yonne), au palais de Compiègne (Oise).

41.   Intérieur de Cour en Aragon (Espagne).

BOZE (HONORÉ), élève de Emile Loubon, né à l'Ile-Maurice, à Marseille, rue Dragon, 5.

42.   Paysage des environs d'Aix (Provence).
43.   id.   id.

CARRAND (LOUIS), élève de Nicolas Fonville, à Collonges (Rhône).

44.   Lisière de bois à Saint-Romain (effet du matin).
45.   Effet du soir.

CARRON (LÉON), élève de l'Ecole des Beaux-Arts de Paris, à Lyon, rue Sainte-Hélène, 6.

46   Un chemin creux.
47.   Les poules.

CHAINE (ACHILLE), Avenue de Noailles, 54, Lyon.

48.   Enfant écoutant dans une coquille.
49.   La petite rivière.

CHAINE (Mme Olivier, Joséphine), Lyon, Avenue de Noailles, 54.

50.   La marchande de gibier.
51.   Tête d'étude (Bretonne).

CHABRY (Léonce), élève de Troyon Mention honorable, Paris 1877, Villa-Tivoli, à Bordeaux.

52. La pointe de la Vallière, mer basse (Charente-Inférieure).

CHATIGNY (Jean-Baptiste), rue de Jarente, 11, Lyon.

53. Graziella.

54. La lettre.

CHAUVIER de LÉON, né à Paris. A Marseille, rue Saint-Jacques, 39.

55. Vue prise dans les nouveaux ports de Marseille.

CHAUVIER de LÉON (Mlle Marie). Marseille, rue Saint-Jacques, 39.

56. Nature morte.

CHÉRELLE (Léger), élève de Delacroix. Chez M. Eliot, avenue Trudaine, 16, Paris.

57. L'entrée dans la vie.

58. Les petits chiens.

CHEVALLIER (Mlle Claire), élève de Mme Delphine de Cool, rue Bonaparte, 47, Paris.

59. La fille du prince (porcelaine d'après Techensdorf).

CHEVRIER (Jules), élève de Couture, à Châlon-sur-Saône.

60. Rat chez un bibliophile.

61. Nature morte.

CLÉMENT (ARMAND-LUCIEN), né à Paris, 61, avenue d'Orléans.

62.   Souvenir du parc d'Arcueil.

DE COQUEREL (OLIVIER), quai de Bondy, 104, Lyon.

63.   Nature morte.

CORTEZ, élève de Troyon, chez M. Meusnier, rue Neuve-Saint-Augustin, Paris.

64.   Vaches au pâturage.

COSTE (NUMA), né à Aix-en-Provence, rue Mazarine, 20, Paris.

65.   Pivoines.

COURTIN (Mlle CAROLINE), élève de Defaux. A Paris, chez M. Eliot, 16, avenue Trudaine.

66.   Cahute en Normandie.
67.   Canards au bord d'un ruisseau.

COUSIN (EMILE), né à Longueval, à Châlon-sur-Saône

68.   Souvenir de la Creuse.
69.   Sur les bords de la Seille (Bresse).

COUSTURIER (CÉSAIRE), élève de J.-B. Besson, rue du Collége, à Dôle.

70.   Une fontaine.
71.   Une liseuse.

DALLEMAGNE (Léon), élève de MM. Viot et Français, place Joubert, Bourg.

72. Etude.
73. Etude.

DARDOIZE (Louis-Emile), rue des Saints-Pères, 67, Paris.

74. A Boutigny.
75. Prés Royat (Auvergne).
75 *bis*. Pommier fleuri (fusain).

DEFAUX (Alexandre), 3e médaille 1874, 2e 1875 (hors concours).

76. Les Dindons.
77. L'Eté en Normandie.
78. L'Hiver en Champagne.

DELECHAUX (Marcelin) né à Bordeaux, boulevard Rochechouart, 108, Paris.

79. Le prix du bouquet.
80 Qui est là ?

DELORME (René), élève de M. Sibuet (Claude), rue Ravez, 7, Lyon.

81. Oranges.

DESBROSSES (Jean), élève d'Ary, Scheffer et Chintreuil, 47, rue de Seine, Paris.

82. Baigneuse au repos.
83. Le village de Sirod (Jura).
84. Paysage au printemps.

DESTAILLEUR (Louis-Henri), élève de Léon Cogniet et Emile Signol, 10, rue de la Colombière, Châlon-sur-Saône.

85. Les joueurs de boule à Rome.

DOZE (Melchior-Jean-Marie), Nîmes, boulevard du Grand-Cours, 19. Mentions honorables, Paris 1861 et 1863.

86. L'enfant à la perdrix.

DUCURTYL (Mlle), élève de M. Castex-Desgranges, rue Sala, 25, Lyon.

87. Fleurs, bouquet d'hiver.
88. Le ruisseau de Vezerance (Rhône).
89.   id.   id.   id.

DUMESNIL (Mme Pauline), élève d'Hébert, 61, rue du Roule, à Neuilly (Seine).

90. Tête d'enfant (pastel).
91. Roses dans un vase rocaille (pastel).
92. Fruits et coupe (pastel).

DUPERRON fils, rue Neuve-des-Charpennes, 22, Lyon.

93. Matinée dans un vallon de Provence.
94. Marine (Océan).
95. Marine (Méditerranée).

DÜTZCHHOLD (Henri), élève de MM. Gérôme et Véron, rue Carnot, 2, Paris.

96.   La lecture.
97.   La colombe (coin d'atelier).

D'ÉPONVILLE (Mlle Mélina), rue de La Paroisse, 79, Versailles.

98.   L'égratignure, d'après Prud'hon (faïence).
99.   Le bord du ruisseau, d'après K. Boodmer (faïence).
100.   Martyre chrétienne, d'après Delaroche (faïence).

FAGE (Théodore), rue Montaux, Marseille.

101.   Fontaine à Alexandrie.

FAURE (Charles), élève de M. F. Vernay, né à Tours, 16, rue Hippolyte Flandrin, Lyon.

102.   Fruits et fleurs.

FONVILLE (Horace), élève de son père, né à Lyon, à Bourg.

103.   Vue prise au Mathy, commune de Montagnat.
104.   Entrée du château Albanel, à Saint-Just.

FURST (Henri), élève de M. Auguin, 25, rue Notre-Dame (Bordeaux)

105.   Plage de l'Aiguillon (Arcachon).
106.   Bords de la Garonne (Bordeaux).

GALERNE (PROSPER), élève de M. Durand-Brager, né à Patay (Loiret), rue Casimir Périer, 27, Paris.

107. Paysage (environs de Paris).

GARDANNE (AUGUSTE), élève d'Horace Vernet, d'Yvon et de Pils, né à Ancône, à Levallois-Perret, rue Poccart, 9.

108. Le coup de l'étrier (dragons).
109. Après la manœuvre (sapeurs de la ligne).
110. La consigne (chasseurs à pied).

GEORGES (JOANNÈS), Lyon, rue de Cuire, 70.

111. Vallée de Rossillon (effet du matin).
112. Gorges d'Ouilins (Rhône).
113. Un Marais aux Echets (Ain).

GILBERT (VICTOR), élève de MM. Adam et Levasseur, chez M. Eliot, avenue Trudaine, 16, Paris.

114. La Chasse.
115. L'Etude.

GIRARD (ALBERT), élève de son père et d'Hippolyte Flandrin.

116. Une Auberge dans les Pyrénées-Orientales.

GIRIER (Saint-Cyr), rue de Bourbon, 64, Lyon.

117. Bouleaux de Montprivat, à St-Paul-de-Varax.
118. La Forêt, à St-Paul-de-Varax.
119. Remise de perdrix, à St-Paul-de-Varax.

GOUSE (René), rue Boissonade, 14, Paris.

120. Fleurs.

GOVIN (Auguste), rue Saumaise, 39, Dijon.

121. Le moulin des champs, à Véronne (Côte-d'Or), crayon.
122. Effet de nuit (composition).   id.

GROS (Jules), élève de Chintreuil et de M. Jean Desbrosses, rue Racine, 3, Paris.

123. Les bords de la Smoie (Ardennes).

GUILLEMIN (Louis-Nicolas-Victor), élève de Corot et
Charpentier, rue de la Préfecture, 18, Besançon.

124. Les dénicheurs.

HAREUX (Ernest), élève d'Adam et de Levasseur. Chez
M. Eliot, avenue Trudaine, 16.

125. Coteaux de Triel.
126. Fleurs.

HENRIET (Frédéric), élève de Daubigny, rue du Pré-
aux-Clercs, 14, à Château-Thierry.

127. Un hameau dans la Brie.
128. Vue de Château-Thierry. — Aquarelle.
129 Cour de village. — Aquarelle.

HUDELLET (Aimé), Bourg.

130. Vue de la Dombes, à Saint-Paul (photographie).
131.   id.   id.   id.

HUYSMANS, né en Belgique, rue d'Offemont, 6, Paris.

132. Nonchalance (Mauresque d'Alger).
133. Rêverie   id.

ISAMBART (EMILE), 11, rue Moraud, Besançon.

134. Intérieur de forêt (sapins et hêtres).
135. Mare à Morteau (Doubs).

ISNARD (JEAN-ROCH), élève de Gérôme, à Salon (Bouches du-Rhône).

136. Rue de Fos (Provence).
137. Les dernières feuilles (Provence).

JACOTT-CAPPELACRE, élève de Léon Cognet, rue Bellini, 20, Paris.

138. La pêcheuse de crevettes.
139. Le retour de la pêche.

JACOTT (JULES), rue Bellini, 20, Paris.

140. Dessin à l'estompe, d'après Van Dyck.
141. Dessin à l'estompe, d'après Rembrandt.

JOBART (Mlle JEANNE), élève de Mme de Cool et de M. Maillart, chez M. Eliot, 16, avenue Trudaine.

142. Le triomphe d'hercule, faïence d'après Le Brun.

JOBART (HIPPOLYTE-HENRI), élève de MM. Pils et Maillart, chez M. Eliot, 16, avenue Trudaine.

143. Les saules.

JUGLARIS (Francis), élève de M. Toulmouche.

144. Jeune fille.
145. Jeune mère.

KARCHER (Gustave), avenue de Saxe, 108, Lyon.

146. Abreuvoir.

KELLE (Emile), 12 *bis*, rue du Chemin-Vert, Paris.

147. Vue des environs de Paris.

KEYMEULEN (Emile-Henri), avenue de la Reine, 374,
Lacken-lès-Bruxelles.

148. Fleurs et accessoires.
149. Site aux environs de Couchery.
150. Paysage aux environs de Honfleur.

LABORIER, quai de Bondy, Lyon.

151. A la campagne.
152. Nature morte.

LACHAPELLE (Elie), place des Capucins, 3, Lyon.

153. Vase de fleurs.
154. Fleurs de prunelles.

LACAZE (Emile), chez M. Eliot, 16, avenue Trudaine,
Paris.

155. L'île de Gesirch, au Caire.
156. Boulevard du Caire (paysage d'hiver).

LANFANT DE METZ, chez M. Eliot, 16, avenue Trudaine, Paris.

157. Les vignes du Seigneur.
158. Le trombonne.
159. Tête de jeune fille.

LANGEROCK (HENRI), rue St-Denis, 207, Courbevoie.

160. Les bords de la Loire.

LAURENT (HENRY), chez M. Eliot, 16, avenue Trudaine, Paris.

161. La gardeuse de dindons.
162. La place d'Yport à marée basse.

LAURENT-DESROUSSEAUX (Mᵐᵉ LYDIE), chez M. Eliot, 16, avenue Trudaine, Paris.

163. La prière, souvenir de Bretagne.

LEGRAND (ALEXANDRE), né à Paris.

164. Soins maternels.
165. Lapin de garenne.

LA VILLETTE (Mᵐᵉ ELODIE), née à Strasbourg, médaille de 3ᵉ classe, Paris, 1875.

166. Marine à Yport.

LEVESQUE (Mˡˡᵉ MARIE), élève de Mˡˡᵉ Dubos, Paris.

167. Le peintre de masques, faïence d'après J. Lefebvre.

LÉVIGNE, élève de l'Ecole des Beaux-Arts de Lyon.

168.   Intérieur Louis XV.
169.   L'arrestation au village (dessin).

LOUBET (Jean-Louis), élève de Gleyre, rue Romarin, n° 11, Lyon.

170.   Lizi (étude).

MANIQUET (Marius), élève de M. Appian, rue de l'Arbre-Sec, 36, Lyon.

171.   Moulin à Vareilles.
172.   Saulée à Bettant.
173.   La rivière d'Ain.

MARQUET, chez M. Eliot, 16, avenue Trudaine, Paris.

174.   Nature morte.

MONFALLET, rue Neuve-des-Petits-Champs, 95, Paris.

175.   La porte doit être ouverte ou fermée.
176.   L'arrestation.
177.   La musique.

MORGON (Paul), élève de MM. Fonville et Français, né à Thoissey, boulevard Bourgneuf, 2, à Bourg.

178.   La Reyssouze, près Pont-de-Vaux (Ain). [Fusain].

MUSIN (Auguste), né à Ostende, n° 114, rue de la Limite Bruxelles.

179.   La flotte française forçant l'entrée de l'Escaut.
180.   Sur le canal de Leyde (Hollande), coucher de soleil.

MUSIN (François), né à Ostende, n° 114, rue de la
Limite, Bruxelles.

181.   Saint-Paul et le pont de Londres.

NEYROUD (François), élève de M. Régnier, boulevard de
la Croix-Rousse, 153, Lyon.

182.   Vue du parc de la Tête-d'Or (Lyon).
183.   Vue près le fort des Charpennes.

OLIVIER (Mlle Sophie), rue Monsieur, n° 5, Lyon.

184.   Fruits, raisins et pommes.

De la PERRUN, né à Moulins, chez M. Eliot, avenue
Trudaine, Paris.

185.   Paysage.

PIERDON (François). Médailles à Moulins, au Hâvre.
Prix de mille francs du département de l'Allier ; rue
Crussol, 17, Paris.

186.   La Tourelle de J.-J. Rousseau, à Ermenonville.
187.   Chasseur au repos sous bois.

POMEY (Louis-Edmond), chez M. Eliot, 16, avenue
Trudaine, Paris.

188.   Trop tranquille pour être sage.

PONTHUS CINIER (Antoine), avenue de l'Archevêché,
Lyon.

189.   Eau dormante d'un délaissé de la Saône.
190.   Récolte des pommes de terre dans le Revermont.

PUYROCHE-WAGNER (Mme), élève de Saint-Jean, née à Dresde, rue Tronchet, n° 8, à Lyon.

191. Fleurs dans un vase.
192. Groupe de pêches.

RAPARLIER (GEORGES), 26, boulevard de Strasbourg, Paris.

193. Nature morte.

RAPIN (ALEXANDRE), élève de MM. Gérôme et Français. 3e médaille, Paris 1875, 2e médaille, Paris 1877 ; rue de Bourgogne, n° 52, Paris.

194. Les prés de Cernay.

REGNAULT (EMILE), à Lons-le-Saunier (Jura).

195. Une rue à Tlemcen (Algérie).

REMILLEUX (MARIUS-ETIENNE), rue de l'Annonciade, 20, Lyon.

196. Bords de l'Azergues.

RENAULT, rue Richain, n° 30, Versailles.

197. Lièvres.
198. Lapin de garenne et pluvier.

RIBOUD (ARTHUR), à Châtillon-sur-Chalaronne.

199. Table de marbre gravée d'après Grevin,

RIVOIRE (François), élève de M. Regnier, rue Notre-Dame-des-Champs, 34, Paris.

200. Pensées.

ROBIN (Louis), élève de MM. Guichard et Gérôme, rue Oudinot, 23, Paris.

201. Le déclin du jour.

RODIN (Auguste), rue des Fourneaux-Montparnasse, Paris. Diplôme de mérite à Vienne.

202. Le printemps (buste terre cuite).

RUFFO (Mme), 170, faubourg Saint-Honoré, Paris.

203. Jeune femme dans un jardin (Aquarelle).
204. Pêcheuse raccommodant son filet. id.

SALES (Jules), élève de MM. Verreaux et Flameng, boulevard Montparnasse, 25, Paris.

205. Nature morte.

SALLÉ (Pierre), élève de l'Ecole des Beaux-Arts de Lyon et d'H. Flandrin, rue Terme, 14, Lyon.

206. Le jeune Africain.

SARRAZIN (Joanny), élève de l'Ecole des Beaux-Arts de Lyon et de M. Chatigny, rue de Jarente, à Lyon.

207. Le petit ménage.

SAUVAGE (Arsène-Symphorien), élève de MM. Gérôme
et Yvon, rue Visconti, 20, Paris.

208. Laveuses champenoises.
209. Nature morte (effet de lumière).

SCHILL (Adrian), rue Rigault, à Nanterre (Seine).

210. Pêcheur de grenouilles.

SÉBILLOT (Paul), élève de M. Feyen-Perrin, rue de
l'Odéon, n° 4, Paris.

211. Le port de Loguivy à marée basse.
212. Arbres d'hiver en Bretagne.

SIBUET (Claude), élève de M. Regnier, quai Saint-Vin-
cent, 33, Lyon.

213. Fleurs.

SICARD (A.), quai de l'Hôpital, 35, Lyon.

214. Fruits sur une table.
215. Groupe de roses dans un verre.

SIMON (François), élève de MM. Aubert et Loubon, quai
du Canal, 38, Marseille.

216. Coin d'étable, moutons.

TARGE (Mme Caroline), rue de Lyon, 28, Lyon.

217. Pervenches.
218. Roses.

TERRIER (Léon), élève de MM. Bonnefond et Picot, rue
Godefroy, 22, Lyon.

219. Jeune fille.
220. Nature morte.

THEUVENOT (Jean-Baptiste), élève de MM. Gleyre et
Gérôme, professeur à Laval, rue du Val de Mayenne,
18.

221. Groupe d'oiseaux suspendus par un fil.
222.   id.   id.   id.
223. Port et château vieux de Laval, effet de lune.

UNTERWAHCEER (Mme Sophie), élève de M. Gendron,
chez M. Eliot, 16, avenue Trudaine, Paris.

224. Le travail.
225. La coquetterie.
226. Le repos du modèle.

VALADON (Jules), élève de M. Léon Cogniet, 35, rue de
Seine, Paris.

227. Cuisine.
228. Fruits.

VALLIER (Mlle Céline), élève de Mme Jacobbert et de M.
Hébert.

229. Rose pompon, d'après le tableau de M. J. Bertrand
(porcelaine).

VALOTTE (Mlle OCTAVIE), rue de la Préfecture, 2, Dijon.

230. Raisins.
231. Framboises sur une feuille de chou.

VERNAY (FRANÇOIS), élève de Thierriat, rue Dunoir, 2, Lyon.

232. Nature morte, fruits.
233. Fleurs.

VILLARD (GABRIEL), élève de M. Chatigny, rue de Jarente, Lyon.

234. Intérieur d'église.

VISCONTI, chez M. Eliot, 16, avenue Trudaine, Paris.

235. Paysage italien.

VUAGNAT (FRANÇOIS), boulevard de Clichy, Paris.

236. Pâturage à Bellerive, près Genève.

SUPPLÉMENT

BELAIR (FERNAND DE), élève de M. Chatigny, rue du Plat, 3, Lyon.

237. Le petit Pifferaro.

CHABOT (Emile), né à Nantua, élève de MM. Picot et
Gérôme, rue Lecourbe, 127, Paris.

238.   Timbale et biscuits.
239.   Jeu de cartes et bière.

DARD, élève de Courbet.

240.   Paysage.
241.   Paysage.

GARNIER, à Lyon.

242.   Fleurs.

Bourg, impr. P. Barbier. — 1870-78.